Zur Lehre

von der

Vertretung und Vollmacht.

Von

Dr. Johannes Biermann,
ordentl. Professor der Rechte an der Universität Gießen.

Berlin, 1900.
Verlag von H. W. Müller.

Zur Lehre

von der

Vertretung und Vollmacht.

Von

Dr. Johannes Biermann,
ordentl. Professor der Rechte an der Universität Gießen.

Berlin, 1900.
Verlag von H. W. Müller.

Sonderabdruck aus der Festgabe der Gießener Juristenfakultät
für Heinrich Dernburg.

§ 1. Grenz- und Begriffsbestimmungen.

Das BGB. spricht im § 166 Abs. 2 von der Vollmacht als von „einer durch Rechtsgeschäft ertheilten Vertretungsmacht“. Gewiß soll dies nicht heißen, daß die Vollmacht nur ein Fall der durch Rechtsgeschäft ertheilten Vertretungsmacht sei. Die Vollmacht ist vielmehr die oder, was dasselbe ist, jede durch Rechtsgeschäft ertheilte Vertretungsmacht. Nicht Vollmacht ist also zunächst die nicht auf Rechtsgeschäft beruhende Vertretungsmacht. Von einer gesetzlichen Vollmacht zu reden, wäre für das BGB. widersinnig.

Ist eine Vertretung vorhanden, so wirken Rechtshandlungen des Vertreters unmittelbar für und gegen den Vertretenen. Die Vertretung ist aber keineswegs der einzige Fall, in welchem dieser Rechtseffekt eintritt. Vertretung setzt vielmehr Doppeltes voraus: es muß sich um Willenserklärungen handeln, und diese müssen im Namen des Vertretenen abgegeben werden (§ 164 a. A.). Fehlt es an einer dieser Voraussetzungen, so liegt keine Vertretung vor.

Es gilt also, die Vollmacht zu unterscheiden einmal von Fällen, in denen Rechtshandlungen zwar unmittelbar für und gegen einen andern wirken, aber eine Vertretung nicht vorliegt, und ferner von Fällen, in denen eine Vertretung vorliegt, aber nicht auf Rechtsgeschäft beruht.

Unter den ersten Fällen ist der vielleicht wichtigste der der Verfügung für einen andern. Es gehört unzweifelhaft zu den

Verdiensten des BGB., daß es unter den Rechtsgeschäften die Verfügungen herausgehoben und durch Sonderbestimmungen abgegrenzt hat. Die Begriffsbestimmung macht keine Schwierigkeiten. Planck[1]) versteht darunter mit Recht diejenigen Rechtsgeschäfte, durch welche unmittelbar ein Recht übertragen, belastet, geändert oder aufgehoben wird; Cosack's Definition stimmt hiermit überein.[2]) Damit nun eine Verfügung über fremde Rechte für den Berechtigten Wirkung habe, ist es nicht nothwendig, daß sie der Verfügende im Namen des Berechtigten vornimmt. Aus § 185 Abs. 2 geht dies ganz klar hervor. Eine Verfügung, die ein Nichtberechtigter über einen Gegenstand trifft, ist danach wirksam, wenn sie mit Einwilligung des Berechtigten, d. h. mit dessen vorheriger Zustimmung erfolgt. Weiteres wird nicht verlangt. Wenn ich also einem Andern den Auftrag gegeben habe, mein Pferd zu verkaufen, so überträgt er das Eigenthum an dem Pferde, ohne Unterschied, ob er es in meinem oder in eigenem Namen übergeben hat. Schon das römische Recht gab hier gegen den Eigenthümer die exceptio rei venditae et traditae (l. 1 §§ 2, 3 D. de exc. r. v. 21,3), und Dernburg gewährt schon nach gemeinem Recht dem Erwerber das Eigenthum.[3]) Für das BGB. zu verlangen, daß der Veräußerer sich als Vertreter des Berechtigten zu erkennen gebe, in dessen Namen handele, wäre ein Zurückgehen hinter das römische Recht, dem der Wortlaut und die Stellung des § 185 im System des BGB.[4]) in gleicher Weise widerstreiten.[5]) Empfängt der Verfüger den mir geschuldeten Kaufpreis mit meiner Zustimmung, so ist dies ebenfalls gegen mich wirksam. Denn auch Zahlungsempfang ist eine Verfügung.[6]) Berechtigungen und Ver-

---

1) Kommentar. Vorbemerkung zum 3. Abschnitt des Allg. Theils IX, 4.

2) Lehrbuch Bd. 1 § 52 III.

3) Pandekten Bd. 1 § 216 a. E.

4) Vertretung und Vollmacht bilden den fünften Titel, § 185 steht im sechsten Titel des dritten Abschnitts Allg. Theils.

5) So schon für das gemeine Recht wenigstens theilweise, Lenel: Stellvertretung und Vollmacht, in Iherings Jahrb. Bd. 36 S. 9.

6) Vgl. Cosack a. a. O.

pflichtungen aus der Kaufobligation dagegen entstehen für mich allerdings nur dann, wenn der Verfüger als mein Vertreter gehandelt, d. h. in meinem Namen kontrahirt hat.

Ein Verfüger, kein Vertreter, ist auch der Ueberbringer einer Quittung, der gemäß § 370 als berechtigt gilt, die Leistung zu empfangen, sofern nicht die dem Leistenden bekannten Umstände der Annahme einer solchen Ermächtigung entgegenstehen.[1]) Regelmäßig handelt der Ueberbringer allerdings im Namen des Gläubigers, denn er überbringt ja die von diesem unterschriebene Quittung. Aber nothwendig ist dies nicht. Er kann beispielsweise erklären, ihm sei die Forderung abgetreten worden; dann handelt er in eigenem Namen. Der Empfang der Leistung hat aber in beiden Fällen die gleiche Wirkung.

Eine Vertretung im Sinne des BGB. liegt ferner dann nicht vor, wenn die Handlung des Vertreters überhaupt keine Willenserklärung ist. Dahin gehört u. a. der Fall des Besitzerwerbes durch Erlangung der thatsächlichen Gewalt über die Sache (§ 854 Abs. 1), des Eigenthumserwerbes durch Vermischung, Verbindung, Verarbeitung, Fruchtgewinnung u. s. w. Welche Anforderungen hier zu stellen sind, damit die Handlung des Vertreters für den Vertretenen unmittelbare Wirkung habe, ist schwer zu sagen und unmöglich en passant zu erledigen. Das Gesetz läßt uns hier völlig im Stich, die Möglichkeit von Analogien ist zweifelhaft, das — übrigens bestrittene — gemeine Recht ist natürlich ebenfalls nicht ohne Weiteres zu verwerthen.[2])

---

1) Auch Zitelmann, Das Recht des BGB. Allg. Theil S. 122, zweifelt, ob es sich hier um einen Fall der Stellvertretung handelt.

2) Hier wie an vielen anderen Stellen erhebt sich die Frage, ob mit unserer bisherigen Theorie von den Rechtsquellen auszukommen ist. Eine Entscheidung muß unter allen Umständen gewonnen werden. Läßt sie sich aber aus dem Gesetz auch nicht mit Hilfe der Analogie entnehmen, so beruht sie doch wohl auch nicht auf dem Gesetz. Auf Gewohnheitsrecht stützt sie sich natürlich auch nicht, ein solches wird höchstens in Jahren vorhanden sein. Ist aber eine Deduktion aus bloßen Zweckmäßigkeitsgründen wirklich etwas anderes als eine Beweisführung aus Naturrecht, das damit eine fröhliche Wiederauferstehung feiern würde?

Kein Vertreter ist auch der im § 432 genannte Verwahrer, denn auch er hat keinerlei Willenserklärungen abzugeben.

Ich wende mich zu denjenigen Fällen, in welchen zwar Vertretung vorliegt, diese aber nicht auf Rechtsgeschäft beruht.

Hierhin gehört zunächst die unmittelbar kraft Gesetzes bestehende Vertretungsmacht. Eine solche hat der Inhaber der elterlichen Gewalt; § 1630 bestimmt: Die Sorge für die Person und das Vermögen umfaßt die Vertretung des Kindes. Eine gesetzliche Vertretungsmacht hat ferner die Frau kraft ihrer Schlüsselgewalt (§ 1357). „Die Frau ist berechtigt, innerhalb ihres häuslichen Wirkungskreises die Geschäfte des Mannes für ihn zu besorgen und ihn zu vertreten." Freilich wird die Frau nur selten im Namen des Mannes handeln, es werden auch die Umstände nicht immer ergeben, daß ihre Erklärungen in dessen Namen erfolgen sollen. Dies ist hier aber gleichgültig. Denn § 1357 bestimmt ausdrücklich: Rechtsgeschäfte, die sie innerhalb dieses Wirkungskreises vornimmt, gelten als im Namen des Mannes vorgenommen, wenn nicht aus den Umständen sich ein anderes ergiebt. Darin liegt unter Umständen eine bloße Fiktion. Denn wenn die Frau dem Dritten gegenüber ihre Stellung als Ehefrau mit keinem Worte erwähnt hat, dem Dritten diese Stellung auch nicht auf andere Weise bekannt geworden ist, so kann man gewiß nicht behaupten, daß die Frau irgend etwas im Namen des Mannes erklärt hat. Aber es soll so angesehen werden, als habe sie ihre Erklärungen im Namen des Mannes abgegeben. Diese eigenthümliche Formulirung des Gesetzes ist für seine Auffassung von der Vertretung bezeichnend. Dem BGB. scheint es als unbedingt wesentlich, daß der Vertreter im Namen des Vertretenen handele. Da nun die Frau innerhalb ihres häuslichen Wirkungskreises Vertreterin des Mannes sein soll, sie aber oftmals nicht im Namen des Mannes handelt, so muß letzteres eben fingirt werden. — Auf Gesetz beruht auch die Vertretungsmacht des Gerichtsvollziehers gemäß § 755 CPO. Der Gerichtsvollzieher giebt auch Willenserklärungen im Namen des Gläubigers ab, ist also insoweit

Vertreter desselben. Regelmäßig ist er natürlich Bevollmächtigter. Aber er wird dem Schuldner und Dritten gegenüber schon durch den bloßen Besitz der vollstreckbaren Ausfertigung als Vertreter legitimirt. Wie er zu dieser Ausfertigung gekommen ist, ist unerheblich, sie braucht ihm insbesondere vom Gläubiger nicht übergeben zu werden. Kraft Gesetzes wird bei mehrfacher Pfändung der erste Gerichtsvollzieher Vertreter aller Gläubiger, CPO. § 827. Ferner läßt sich auch § 15 GBO. heranziehen. Ist die zu einer Eintragung im Grundbuche erforderliche Erklärung von einem Notar beurkundet oder beglaubigt, so gilt dieser als ermächtigt, im Namen eines Antragsberechtigten die Eintragung zu beantragen. Wenn man hier von einer vermutheten Vollmacht spricht,[1]) so giebt man damit keine Erklärung. Der Notar verdankt seine Vertretungsmacht ausschließlich dem Gesetz, der Wille des Vertretenen spielt hierbei keine Rolle. Der Notar hat die Vertretungsmacht auch dann, wenn der Vertretene nichts von ihr weiß, und auch dann, wenn der Vertretene sie nicht will, sein Nichtwollen aber nicht zum Ausdruck bringt. Entsprechende Bestimmungen finden sich im Gesetz über die freiwillige Gerichtsbarkeit §§ 71, 100 129. Auf einige andere Fälle der unmittelbar auf Gesetz beruhenden Vertretungsmacht wird besser erst im Zusammenhange mit der Erörterung der Vollmacht eingegangen.

Von der Vollmacht zu unterscheiden ist weiter die auf obrigkeitlicher Bestellung beruhende Vertretungsmacht. Sie hat der Vormund. § 1793 besagt: Der Vormund hat das Recht und die Pflicht, für die Person und das Vermögen des Mündels zu sorgen, insbesondere den Mündel zu vertreten. Vertretungsmacht haben auch — in verschiedenem Umfange — die zu Pflegern bestellten Personen, ferner der auf Grund des § 1693 der Mutter gesetzte Beistand, der ja die Rechte und Pflichten eines Pflegers hat. Obrigkeitlich bestellte Vertreter kommen ferner im Prozeß vor. Hierhin gehört CPO. § 57,

1) Vgl. z. B. Willenbücher, Reichsgrundbuchordnung Anm. 2 zu § 15. In Anm. 1 wird gesagt, die Vorschrift lege dem Notar „kraft Gesetzes die Vollmacht bei.“

wonach der Vorsitzende des Prozeßgerichts einem nicht prozeßfähigen Beklagten einen besonderen Vertreter bestellen muß oder kann.[1]) Dieselbe Grundlage haben §§ 679 Abs. 3 und 686 Abs. 2 CPO. Dagegen erachtet das Reichsgericht[2]) den nach § 668 CPO. beizuordnenden Rechtsanwalt für einen Bevollmächtigten, und für die Fälle der §§ 115, 116 CPO., §§ 33, 34 RAO. ist dies wohl allgemeine Meinung. Einen obrigkeitlich bestellten Vertreter kennen dann wieder die §§ 58, 787 CPO. Sie beziehen sich auf den Fall, daß ein Recht an einem von dem bisherigen Eigenthümer nach § 928 BGB. aufgegebenen und von dem Aneignungsberechtigten noch nicht erworbenen Grundstück im Wege der Klage oder der Zwangsvollstreckung geltend gemacht werden soll. Es hat dann der Vorsitzende des Prozeßgerichts resp. das Vollstreckungsgericht auf Antrag einen Vertreter zu bestellen, dem bis zur Eintragung eines neuen Eigenthümers die Wahrnehmung der sich aus dem Eigenthum ergebenden Rechte und Verpflichtungen obliegt. Schließlich wird auch § 779 Abs. 2 CPO. in diesen Zusammenhang gehören, wonach wenn bei einer Vollstreckungshandlung die Zuziehung des Schuldners nöthig ist, und die Erbschaft noch nicht angenommen oder der Erbe unbekannt oder seine Annahme ungewiß ist, das Vollstreckungsgericht dem Erben auf Antrag des Gläubigers einen einstweiligen besonderen Vertreter zu bestellen hat.

Kein Bevollmächtigter ist ferner der auf Grund des § 1189 BGB. vom Grundeigenthümer bestellte Vertreter. Denn die Vertretungsmacht wird ihm nicht durch den Vertretenen, sondern von einem Dritten ertheilt.

Die aufgezählten Fälle der nicht auf Rechtsgeschäft beruhenden Vertretungsmacht sind keineswegs durchweg Fälle der sog. gesetzlichen Vertretung. Das BGB. gebraucht diesen Ausdruck als einen technischen, ohne ihn zu erklären. Sein Sinn ist auch so klar. Das BGB. faßt unter gesetzlicher Vertretung nur diejenigen

---

1) Entsprechende Bestimmungen finden sich in § 28 des Reichsges. betr. die Gewerbegerichte vom 29. Juli 1890.

2) Entsch. Bd. 35 S. 352.

Fälle zusammen, in denen die Vertretung in Folge der Geschäftsunfähigkeit oder der beschränkten Geschäftsfähigkeit des Vertretenen nothwendig ist. Danach ist gesetzlicher Vertreter der Inhaber der elterlichen Gewalt, der Vormund, der vorläufige Vormund des § 1906, der Beistand im Falle des § 1693, der Pfleger gemäß § 1909, nicht aber sind es die nach §§ 1910, 1911 bestellten Pfleger. [1])

Die meisten Schwierigkeiten bereitet eine Reihe von Fällen, die das Gemeinsame haben, daß hier äußerlich betrachtet ein Vermögen oder ein einzelnes Vermögensstück vertreten wird, Rechtsobjekte nicht Rechtssubjekte. Ueberwiegend werden diese Vermögensvertreter vom Gesetz als Verwalter bezeichnet. Am meisten erörtert wurde bisher die rechtliche Stellung des Konkursverwalters und des Testamentsvollstreckers. Grundsätzlich in der gleichen Rechtslage befinden sich der Ehemann als Verwalter des eingebrachten Gutes der Frau, der Nachlaßverwalter, der Zwangsverwalter, der Sequester eines Nießbrauchs oder einer der Nacherbfolge unterliegenden Erbschaft (BGB. §§ 1052, 2128). Für alle diese Fälle gilt, daß durch die Handlungen des Verwalters das verwaltete Vermögen verändert, vermehrt, vermindert wird, der Eigenthümer es nur so zurückempfängt, wie es sich unter den Händen des Verwalters gestaltet hat. Die Rechtshandlungen des Verwalters wirken also für und gegen den Eigenthümer, und zwar unmittelbar, d. h. ohne daß es eines Uebertragungsgeschäftes zwischen Verwalter und Eigenthümer bedarf. Aber andererseits wird der Eigenthümer durch die Handlungen des Verwalters persönlich weder berechtigt noch verpflichtet. Wenn beispielsweise der Konkursverwalter einen Miethvertrag eingeht, so kann der Gemeinschuldner daraus nicht auf Zahlung des Miethzinses verklagt werden. Miethet dagegen der Vormund des Minderjährigen für seinen Schutzbefohlenen eine Wohnung, so geht die Klage auf Zahlung des Miethzinses gegen den Minderjährigen. Es liegt also,

---

1) Ueber den Begriff der gesetzlichen Vertretung nach der CPO. vgl. unten S. 103.

wie bemerkt, nahe, zu sagen, in den in Rede stehenden Fällen werde Vermögen, nicht eine Person vertreten. Damit hat man aber im besten Falle weiter nichts als ein Bild. Denn man wird doch auch für das Recht des BGB. daran festhalten müssen, daß ein Vermögen, das unzweifelhaft im Eigenthum steht, immer nur Rechtsobjekt, nicht Rechtssubjekt sein kann.

Man wird weiter fragen dürfen, ob die in Rede stehenden Verwalter nicht etwa einfach als Verfüger aufzufassen sind.[1]) An sich unterliegt es nun keinem Bedenken, neben den durch Rechtsgeschäft ermächtigten Verfügern, deren der § 185 Abs. 1 BGB. gedenkt, auch solche anzuerkennen, deren Verfügungsmacht auf Gesetz oder obrigkeitlicher Bestellung beruht. Die Einwilligung des Berechtigten wird dann durch die Rechtsnorm ersetzt. Es ist ferner offensichtlich, daß die fraglichen Verwalter durchweg kraft Gesetzes zu Verfügungen ermächtigt sind, ja daß bei einigen von ihnen die Vornahme von Verfügungen die Hauptsache ist. Aber durchweg beschränkt sich ihre Vertretungsmacht hierauf doch nicht, in größerem oder geringerem Umfange schließen sie auch andere Rechtsgeschäfte ab, die für und gegen den Eigenthümer des Vermögens unmittelbar wirksam sind.

Der Mann als Verwalter des eingebrachten Gutes der Frau hat eine Verfügungsmacht, vgl. §§ 1376 ff. Dagegen spricht ihm § 1375 die Legitimation, die Frau durch Rechtsgeschäfte zu verpflichten, ausdrücklich ab. Was Berechtigungen der Frau anlangt, so gilt dasselbe für die Annahme einer Erbschaft oder eines Vermächtnisses; hier ist die Frau vollkommen selbständig, jede Mitwirkung des Mannes entbehrlich, vgl. § 1406 Ziff. 1. In den Fällen der §§ 1381, 1382 wird die Frau durch den Mann zwar unmittelbar kraft Gesetzes berechtigt; eine Vertretung der Frau durch den Mann liegt indessen auch hier nicht vor, denn im Namen der Frau braucht der Mann nicht zu handeln; thut er es, so ist das Resultat kein anderes, als wenn er es nicht thut. Wie es in den dann noch übrig bleibenden Fällen

1) Vgl. Zitelmann, Recht des BGB. Allg. Theil S. 120.

des Rechtserwerbes steht, ist sehr zweifelhaft. Den einzigen Anhalt gewährt das aus § 1375 zu entnehmende, freilich unsichere argumentum a contrario. Wenn es hier heißt: das Verwaltungsrecht des Mannes umfaßt nicht die Befugniß, die Frau durch Rechtsgeschäfte zu verpflichten, so ist der Schluß naheliegend: Eine Berechtigung der Frau durch Rechtsgeschäfte gehört zum Inhalt des Verwaltungsrechts des Mannes. Wer diesen Schluß für zulässig hält, muß anerkennen, daß der Mann insoweit jedenfalls im Namen der Frau auftreten, also als ihr Vertreter handeln muß.[1] Schließlich sind einseitige Rechtsgeschäfte, die sich auf das eingebrachte Gut beziehen, mit Ausnahme derjenigen, die Verbindlichkeiten der Frau betreffen, dem Manne gegenüber vorzunehmen (§ 1403). Es geht also zu weit, mit Cosack[2]) dem Manne jegliche Vertretungsmacht abzusprechen, aber sie ist freilich sehr bescheiden.[3])

Anders ist die Stellung des Testamentsvollstreckers. Auch er ist zunächst Verfüger, § 2205 Satz 2 giebt ihm ausdrücklich das Recht, den Nachlaß in Besitz zu nehmen und über die Nachlaßgegenstände zu verfügen. Aber er ist außerdem auch berechtigt, Verbindlichkeiten einzugehen, regelmäßig mit Beschränkungen, vgl. § 2206, auf Anordnung des Erblassers ohne Beschränkungen, vgl. § 2207. Natürlich gelten diese Verbindlichkeiten nur für den Nachlaß, auch die Einwilligung des Erben nimmt diesem nicht das Recht, die Beschränkung seiner Haftung für die Nachlaßverbindlichkeiten geltend zu machen, § 2206 Abs. 2.

Nicht wesentlich abweichend ist die Stellung des Nachlaß-

1) Uebereinstimmend Planck, Kommentar zu § 1381: Ein Erwerb, den der Mann durch ein für das eingebrachte Gut vorgenommenes Rechtsgeschäft macht, fällt unmittelbar der Frau zu, wenn das Rechtsgeschäft in ihrem Namen geschlossen ist.

2) Lehrbuch Bd. 2 Abth. 2 § 279 IV, 2 S. 428.

3) Garnicht Vertreter ist der Mann als Verwalter des Gesammtgutes bei bestehender ehelicher Gütergemeinschaft. Er kann das Gesammtgut verpflichten und berechtigen, aber ob er dabei zu erkennen giebt, daß er für das Gesammtgut handelt, oder ob er es nicht thut, ist ganz unerheblich. Es treten in beiden Fällen die gleichen Wirkungen ein. Soweit die Frau zur Verwaltung des Gesammtgutes berechtigt ist, gilt dasselbe auch für sie.

verwalters. Auch er hat das alleinige Verfügungsrecht über den Nachlaß, der Erbe verliert mit der Anordnung der Nachlaßverwaltung die Befugniß, den Nachlaß zu verwalten und über ihn zu verfügen (§ 1984 a. A.). Auch er ist aber auch ermächtigt, den Nachlaß zu berechtigen und zu verpflichten, denn das Gesetz nennt ihn einen zum Zwecke der Befriedigung der Nachlaßgläubiger bestellten Nachlaßpfleger (§ 1975), und auf die Pflegschaft finden die für die Vormundschaft geltenden Vorschriften entsprechende Anwendung (§ 1915).

Durchaus analog ist die Stellung des Konkursverwalters gestaltet. Der Konkursverwalter hat ebenfalls das alleinige Verfügungsrecht über die Konkursmasse, der Gemeinschuldner hat es mit Eröffnung des Konkursverfahrens verloren, § 6 KO. Aber auch der Konkursverwalter kann die Masse berechtigen und verpflichten. In diese Lage wird er beispielsweise dann kommen, wenn er das Geschäft des Gemeinschuldners fortführt. Ferner fordert § 134 KO. die Genehmigung des Gläubigerausschusses oder der Gläubigerversammlung u. a. zur Aufnahme von Darlehen, zur Uebernahme fremder Verbindlichkeiten, zum Erwerb von Grundstücken für die Masse, woraus sich ebenfalls die genannte Ermächtigung des Verwalters ergiebt. Insoweit ist der Konkursverwalter Vertreter. Thatsächlich handelt er auch als solcher, d. h. nicht im eigenen Namen. Wenn er beispielsweise ein Darlehen aufnimmt, so wird er ganz gewiß sagen, daß er es für die Masse aufnimmt; andernfalls würde er haften, und zwar er allein, nicht auch die Masse. Die Frage nach der rechtlichen Stellung des Konkursverwalters ist bekanntlich sehr bestritten, nichts zu ihrer Lösung hat die vielgenannte Entscheidung des Reichsgerichts vom 30. März 1892 (Entsch. Bd. 29 S. 29)[1]) beigetragen. Sie erblickt in dem Konkursverwalter „ein im öffentlichen Interesse geschaffenes Organ für die Durchführung des Zwecks des Konkurses, das seine Legitimation zur Ausübung der ihm übertragenen Funktionen unmittelbar aus dem Gesetze entnimmt". „Er handelt lediglich kraft gesetzlichen Auftrages zur Erfüllung der ihm gestellten

1) Sie vertritt neuerdings Lippmann in Iherings Jahrb. Bd. 41 S. 112.

Aufgabe. Hat er dabei auch die Interessen des Gemeinschuldners und der Konkursgläubiger wahrzunehmen, so geschieht dies doch nicht in stellvertretender Ausübung von rechtlichen Befugnissen dieser Personen, sondern in Erfüllung der ihm gesetzlich auferlegten Verpflichtungen. Wie diese Verpflichtungen seine eigenen sind, so sind auch die ihm zur Ermöglichung ihrer Erfüllung beigelegten Berechtigungen seine eigenen, und dazu gehört denn auch die Dispositionsbefugniß über das zur Konkursmasse gezogene Vermögen. Die gesetzliche Dispositionsgewalt des Konkursverwalters erklärt es, daß dieses Vermögen, wenn überhaupt, nur so, wie es durch die Verwaltung des Konkursverwalters geworden ist, in die Verfügung des Gemeinschuldners zurückkehren kann". Das Reichsgericht leugnet, daß es Rechte und Pflichten des Gemeinschuldners als Eigenthümers der Konkursmasse seien, die der Konkursverwalter in dieser seiner Eigenschaft auszuüben oder zu erfüllen habe. — Dem gegenüber darf man fragen, welche Rechte denn der Verwalter eigentlich geltend macht und welche Verpflichtungen er denn eigentlich erfüllt, wenn nicht die des Gemeinschuldners. Was ist denn die vornehmste Aufgabe des Konkursverwalters? Doch offenbar die, die Gläubiger zu befriedigen. Dies aber ist doch gewiß eine Pflicht des Gemeinschuldners. Die Mittel aber, mit denen er die Befriedigung der Gläubiger bewirkt, sind wiederum Mittel des Gemeinschuldners, andere hat der Verwalter nicht zur Verfügung. Daß der Verwalter eigene Pflichten hat, ist richtig; aber eigene Pflichten hat auch der Vormund oder ein anderer unzweifelhafter Vertreter. Mit der Deduktion des Reichsgerichts ist also nicht weiterzukommen. Das Reichsgericht nimmt daran Anstoß, daß der Verwalter Rechtshandlungen des Gemeinschuldners wegen Benachtheiligung der Gläubiger anfechten, daß er mit dem Gemeinschuldner über dessen etwaige Ansprüche an die Masse Prozesse führen, den Gemeinschuldner zur Leistung des Offenbarungseides zwingen kann. Darauf wird noch weiter unten einzugehen sein.

Weniger umfassend ist die Rechtsstellung des Zwangsverwalters.[1] Auch er hat aber ein Verfügungsrecht, nämlich über

1) Vgl. hierüber auch Dernburg, Bürgerliches Recht Bd. 3 S. 714

die Nutzungen des Grundstücks, und auch er schließt obligatorische Geschäfte ab, z. B. indem er Wohnungen vermiethet, Arbeiter dingt u. s. w. Eine Art von Zwangsverwaltung ist schließlich auch die auf Grund der §§ 1052, 2128 angeordnete Verwaltung des Nießbrauches oder der dem Vorerben angefallenen Erbschaft. Der Umfang dieser Verwaltung kann zweifelhaft sein, auch hier aber wird es weder an Verfügungen noch an obligatorischen Geschäften fehlen.

Dem Wesen nach ist die rechtliche Stellung der Verwalter in allen genannten Fällen die gleiche. Sie alle sind Verfüger und insoweit keine Vertreter. Sie alle sind aber auch Vertreter. Soweit der Verwalter Verfüger ist, ist Berechtigter (BGB. § 185 Abs. 1) der Eigenthümer des Vermögens oder Vermögensstücks. Es ist sicherlich das natürlichste, dieselbe Person, soweit der Verwalter Vertreter ist, als Vertretenen anzusehen, also die Ehefrau als Eigenthümerin des eingebrachten Gutes, den Erben, den Gemeinschuldner, den Eigenthümer des in Zwangsverwaltung gerathenen Grundstücks. Bei der Sequestration des Nießbrauches und der der Nacherbfolge unterliegenden Erbschaft ist Vertretener der Nießbraucher resp. der Vorerbe. Ihre Charakterisirung empfängt nun aber diese Vertretungsmacht durch ihren Umfang. In allen genannten Fällen beschränkt sie sich durchaus auf ein von dem sonstigen Vermögen des Vertretenen völlig getrenntes Sondervermögen. Ueber dieses allein verfügt der Vertreter, es allein haftet auf Grund der von dem Vertreter eingegangenen Verpflichtungen, ihm allein kommen die von dem Vertreter abgeschlossenen Erwerbsgeschäfte zu Gute. Das eingebrachte Gut der Frau ist Vermögen der Frau, aber von ihrem Vorbehaltsgut scharf getrennt, die Konkursmasse gehört nach wie vor dem Gemeinschuldner, aber sie ist von seinem sonstigen Vermögen durchaus abgesondert u. s. w. Diese Bildung von Sondervermögen geschieht selbstverständlich zu bestimmten — verschiedenartigen — Zwecken;

Anm. 10. Nach ihm ist der Zwangsverwalter nicht bloßer Vertreter des Schuldners oder der Gläubiger, sondern ähnlich wie ein Konkursverwalter öffentlich-rechtliches Organ.

das eingebrachte Gut der Frau soll den Zwecken der Ehe dienen, die Einleitung der Konkurs- oder der Zwangsverwaltung erfolgt zur Befriedigung der Gläubiger, durch die Ernennung eines Testamentsvollstreckers will der Erblasser die Ausführung seines letzten Willens sichern u. s. w. Um die Absonderung durchzuführen, muß unter Umständen auch der Weg des Prozesses beschritten werden. Es wird beispielsweise auf Feststellung der Zugehörigkeit eines Vermögensstücks zur Konkursmasse oder zum Nachlaß geklagt oder es wird gegen eine Schmälerung des Sondervermögens durch den Eigenthümer im Wege der Klage vorgegangen, so wenn der Konkursverwalter Rechtshandlungen des Gemeinschuldners anficht (KO. §§ 29 ff.), oder wenn der Zwangsverwalter die dem betreibenden Gläubiger gegenüber bestehende Unwirksamkeit der Mieth- und Pachtzahlungen sowie der Zahlungen auf wiederkehrende Leistungen geltend macht.[1]) Es ist richtig, daß in allen diesen Fällen der Vertreter Befugnisse hat, die dem Vertretenen fehlen, was dem Reichsgericht in der oben angeführten Entscheidung mit der Annahme einer Vertretung des Gemeinschuldners durch den Konkursverwalter besonders unvereinbar erscheint. Indessen erklärt sich diese eigenthümliche Erscheinung eben einfach aus der strengen Abscheidung ~~des~~ von dem Vertreter verwalteten Sondervermögens, über das er allein unter Ausschließung des Eigenthümers Verfügungsmacht hat, und daraus, daß diese Absonderung äußerstenfalls im Wege des Prozesses durchgeführt werden muß, den dann naturgemäß nur der Verwalter dieses Sondervermögens führen kann.

Ob die in Rede stehenden Verwalter gesetzliche Vertreter der Vermögenseigenthümer im Sinne der CPO. sind, kann zweifelhaft sein. Dem Wortlaut der CPO. entspricht dies keinesfalls. § 51 derselben kennt, ebenso wie das bürgerliche Recht, gesetzliche Vertreter nur für nicht prozeßfähige Parteien; um solche handelt es sich hier aber durchweg nicht, auch der Konkursschuldner ist vollkommen prozeßfähig. Die im § 51 zu Tage tretende Auf-

---

1) Zwangsverst.Ges. § 152, und Th. Wolff, Kommentar Bemerkung 2 hierzu.

fassung wird durch die sonstigen Bestimmungen der CPO. lediglich bestätigt, überall wird eine gesetzliche Vertretung nur für prozeßunfähige Parteien anerkannt. Aber die CPO. kennt nur zwei Arten von Vertretung: Vollmacht und gesetzliche Vertretung. Daß diese Alternative durchaus unzureichend ist, wird die bisherige Untersuchung gezeigt haben, die noch manche Art der Vertretung außer der Vollmacht und der gesetzlichen Vertretung ergeben hat. Da die CPO. nun aber einmal nur diese beiden Arten der Vertretung kennt, und es sich in den vorliegenden Fällen jedenfalls nicht um Bevollmächtigungen handelt, so bleibt nichts übrig, als in Uebereinstimmung mit der herrschenden Meinung, aber gegen den Wortlaut des Gesetzes, gesetzliche Vertretung anzunehmen.[1])

Nach Abscheidung dessen, was nicht Vollmacht ist, läßt sich von der Vollmacht selber sprechen.

Die Bevollmächtigung braucht nicht ausdrücklich zu erfolgen. Der Vollmachtgeber braucht nicht zu sagen oder zu schreiben: Ich bestelle Dich oder ich bestelle den N. N. zum Bevollmächtigten. Eine Bevollmächtigung liegt auch dann vor, wenn der eine den anderen durch Rechtsgeschäft in eine Stellung versetzt, mit der eine Vertretung des ersten regelmäßig verbunden ist.[2]) Beispiele sind etwa das Engagement einer Hausdame, eines Dienstboten, eines Gutsinspektors, eines Kellners und vieler anderer Gewerbegehülfen. Das Engagement einer Hausdame ist unzweifelhaft ein Rechtsgeschäft, durch dieses Rechtsgeschäft wird der Engagirten auch eine Vertretungsmacht ertheilt, es liegt also eine Bevollmächtigung vor. Ebenso verhält es sich mit der Anstellung solcher Staats- oder Gemeindebeamten, die ermächtigt sind, den Staat, die Gemeinde auch in privatrechtlicher Beziehung zu ver-

1) Daß sich aus dieser Auffassung keine Schwierigkeiten für die Vernehmung des Gemeinschuldners als Zeugen ergeben, hat R. Schmidt in seinem so förderlichen Lehrbuch des Civilprozeßrechts S. 476 ff. völlig überzeugend bewiesen. Seine Ausführungen wirken geradezu wie eine Erlösung. Es wäre sehr zu wünschen, daß die Praxis ihnen folgte.

2) Vgl. Rehbein, Kommentar Bd. 1 S. 262.

treten. Man denke an Vorsteher von Kranken- oder Gefängniß-anstalten, die etwa Lieferungsverträge für den Staat abzuschließen haben, an Eisenbahnschaffner, Post- und Telegraphenbeamte u. a. m. Unzweifelhaft ist die Anstellung eines Beamten ein Rechtsgeschäft und auf dieser Anstellung und nur auf ihr beruht die Vertretungsmacht des Beamten. Es liegt also auch in der Anstellung von Beamten in vielen Fällen eine Vollmachtertheilung. Soweit darf man freilich nicht gehen, jede rechtsgeschäftliche Begründung eines Verhältnisses, in welchem der eine Theil zur Vertretung des anderen befugt ist, als Ertheilung einer Vollmacht aufzufassen. Das Gesetz verlangt, daß die Vertretungsmacht durch Rechtsgeschäft ertheilt ist, das Rechtsgeschäft muß also bezwecken, wenigstens auch bezwecken, eine Vertretungsmacht zu begründen. Andernfalls müßte man auch die Schlüsselgewalt der Frau und die gesetzliche Vertretung des angenommenen Kindes durch den Adoptivvater auf eine Vollmacht zurückführen. Denn auch hier liegen Rechtsgeschäfte vor, die Eheschließung, der Adoptionsvertrag, auf den durch sie geschaffenen Rechtsverhältnissen, auf der Ehe, der elterlichen Gewalt des Adoptivvaters, beruht die Vertretungsmacht der Frau, des Adoptivvaters. Aber dies sind unnatürliche Auffassungen. Es ist vielmehr das Gesetz, welches hier die Vertretungsmacht gewährt, das Rechtsgeschäft ist nur die Voraussetzung dafür, daß das Gesetz eingreifen kann, ganz ebenso wie die Geburt eines ehelichen Kindes die Voraussetzung dafür ist, daß die gesetzliche Vertretung des ehelichen Vaters eintreten kann.

Unbedenklich darf man ferner die Bestellung des Vorstandes oder eines sonstigen verfassungsmäßigen Vertreters eines rechtsfähigen Vereins, einer Stiftung, einer Aktiengesellschaft, einer eingetragenen Genossenschaft als Vollmachtertheilung auffassen. Daß die Bestellung eines Vorstandes nothwendig ist, ist hierbei ohne Bedeutung. Denn der im einzelnen Fall zum Vorstand Bestellte verdankt seine Vertretungsmacht eben der Bestellung, einem unzweifelhaften Rechtsgeschäfte. Auch die Vertretung durch Anwälte im Anwaltsprozeß ist eine nothwendige, der bestellte Anwalt aber unbestritten ein Bevollmächtigter.[1]) Gleiches gilt von den geschäftsführenden Gesellschaftern der Gesellschaft mit beschränkter Haftung, da auch ihre Vertretungsmacht auf einer Bestellung beruht (§ 6 des Ges. betr. die Gesellschaften mit beschränkter Haftung). Eine Bevollmächtigung liegt auch dann vor, wenn bei einer Gesellschaft des bürgerlichen Rechts einem Gesellschafter durch den Gesellschaftsvertrag die Befugniß zur Geschäftsführung übertragen ist; denn insoweit ist er im Zweifel auch ermächtigt, die anderen Gesellschafter Dritten gegenüber zu vertreten (BGB. § 714)[2]) Dagegen beruht die Vertretungsmacht der offenen Handelsgesellschafter auf Gesetz,[3]) ebenso diejenige der persönlich haftenden Gesellschafter bei der Kommanditgesellschaft.

Mit der Frage nach der Entstehung der Vertretungsmacht darf diejenige nach ihrem Umfange nicht vermengt werden.[4]) Das will sagen: Es ist denkbar, daß die Vertretungsmacht unmittelbar auf Gesetz oder auf obrigkeitlicher Bestellung beruht, und dennoch der Umfang der Vertretungsmacht durch den Willen des Vertretenen bestimmbar ist. Es giebt andererseits Fälle, in denen die Vertretungsmacht durch Vollmacht begründet und dennoch ihr Umfang ein für alle Male durch das Gesetz festgesetzt ist, theils in dispositiver, theils sogar in zwingender Weise. Das erste ist selten, denn es liegt in der Natur der Sache, daß das Gesetz, wenn es eine Vertretung einrichtet, zugleich deren

1) Das ROHG. (Entsch. Bd. 5 S. 211) stellt in Abrede, daß der Vorstand eines Vereins als sein Beauftragter anzusehen sei, er soll ein verfassungsmäßiges Organ des Gesammtwillens der Vereinsmitglieder, der Repräsentant des Vereins sein. Vgl. hiergegen Mitteis, Stellvertretung S. 192 Anm. 223. In der That ist die Deduktion des ROHG. für das neue Recht überflüssig. Soweit dadurch der Umfang der Vertretungsmacht des Vereinsvorstandes festgestellt werden soll, hat BGB. § 26 die Frage erledigt. Die Auffassung des Vorstandes als Vereinsorgans ist ferner oft verwerthet worden, um die Haftung des Vereins für Delikte des Vorstandes zu beweisen. Diese Frage entscheidet jetzt § 31 BGB. Für das neue Recht ist es also ausreichend, den Vorstand als einen Bevollmächtigten des Vereins anzusehen. Anders indessen Zitelmann, Allg. Theil S. 120.

2) Ebenso Planck, Kommentar zu § 714.

3) Vgl. K. Lehmann, Kommentar zu § 125 HGB. Nr. 1 u. 2. Unrichtig ROHG. Entsch. Bd. 23 S. 348.

4) Dies thut Rehbein, Kommentar S. 250.

Umfang vorschreibt. Eine Ausnahme macht § 1357, der Mann kann die Schlüsselgewalt der Frau beschränken oder ausschließen. Fälle der zweiten Art sind dagegen häufig und praktisch sehr wichtig. Aus dem BGB. gehört dahin der folgende: Der Vorstand eines Vereins oder einer Stiftung vertritt die juristische Person gerichtlich und außergerichtlich, er hat die Stellung eines gesetzlichen Vertreters (§§ 26, 86). Seine Vertretungsmacht ist also eine unbeschränkte. Indessen kann ihr Umfang durch die Satzung mit Wirkung gegen Dritte beschränkt werden.[1] Wichtiger noch sind die Fälle des HGB. Sie sind überwiegend zwingenden Rechtens, d. h. der gesetzliche Umfang der Vollmacht kann vom Vertretenen nicht mit Wirkung gegen Dritte beschränkt werden. Dies gilt zunächst vom Prokuristen (HGB. § 50). Jede Beschränkung des Umfanges seiner Vollmacht ist Dritten gegenüber unwirksam; auch solche Dritte, die die Beschränkung gekannt haben, brauchen sie nicht gegen sich gelten zu lassen. Anders stehen dagegen die Handlungsbevollmächtigten einschließlich der Handlungsreisenden und der in einem Laden oder offenen Waarenlager Angestellten. Auch der Umfang ihrer Vollmacht ist gesetzlich festgelegt, aber Beschränkungen sind zulässig, die freilich Dritte nur dann gegen sich gelten zu lassen brauchen, wenn sie sie kannten oder kennen mußten. Unrichtig ist hier die Auffassung des ROHG. (Entsch. Bd. 23 S. 348), wonach der Umfang der Handlungsvollmacht vom Prinzipal bestimmt wird, aber Präsumtionen für einen gewissen Umfang bestehen. Denn es kommt auf eine bloße Fiktion hinaus, den im § 54 HGB. angegebenen Umfang der Vollmacht auf den Willen des Prinzipals zurückzuführen. Handlungsbevollmächtigte sind auch die zum festen Abschluß von Geschäften ermächtigten Handlungsagenten.[2] Auch für sie gilt also das Gesagte, eine besondere Bestimmung über den Umfang ihrer Vollmacht enthält der § 86 HGB. Unbeschränkbar ist die Vollmacht des Vorstandes einer Aktiengesellschaft (HGB. § 235 Abs. 2), des Geschäftsführers einer Gesellschaft mit beschränkter Haftung (§ 37 Abs. 2 des Ges.

---

1) Für eingetragene Vereine vgl. § 70 BGB.

2) Denkschr. zum Entw. eines HGB. S. 75.

vom 20. April 1892), des Vorstandes einer eingetragenen Genossenschaft (Genossenschaftsges. § 27). Einen gesetzlichen Umfang hat auch die Vertretungsmacht des Korrespondentrheders (HGB. § 493), sie ist indessen beschränkbar, doch kann die Beschränkung Dritten nur entgegengesetzt werden, wenn sie ihnen zur Zeit des Abschlusses des Geschäfts bekannt war (das. § 495). Dasselbe gilt vom Schiffer eines Seeschiffes, sofern sich das Schiff außerhalb des Heimathshafens befindet (HGB. §§ 527 bis 531), sowie vom Schiffer eines Binnenschiffes, wenn das Schiff weder am Heimathsorte noch an einem Orte liegt, an welchem der Schiffseigner eine Geschäftsniederlassung hat (Binnenschifffahrtsges. §§ 15 ff.).

Einen gesetzlichen Umfang hat ferner die einem Rechtsanwalt ertheilte Prozeßvollmacht (CPO. § 81). Eine Beschränkung desselben hat dem Gegner gegenüber nur insoweit rechtliche Wirkung, als die Beschränkung die Beseitigung des Rechtsstreits durch Vergleich, Verzicht oder Anerkennung betrifft (das. § 83 Abs. 1); Kenntniß des Gegners spielt keine Rolle. Einen gesetzlichen Umfang hat endlich auch die Vollmacht des Gerichtsvollziehers (CPO. §§ 754, 755), dessen rechtliche Stellung sich freilich in der eines Gläubigervertreters nicht erschöpft. Er ist ermächtigt zur Vornahme der Zwangsvollstreckung, zur Empfangnahme von Zahlungen und sonstigen Leistungen, zur Quittungsertheilung für den Gläubiger, zur Auslieferung der vollstreckbaren Ausfertigung an den Schuldner. Eine Einschränkung dieser Befugnisse kann der Gläubiger dem Schuldner und Dritten gegenüber nicht geltend machen.

§ 2. Ertheilung der Vollmacht.

Die Ertheilung der Vollmacht bedarf keiner Form, sie erfolgt entweder durch Erklärung gegenüber dem zu Bevollmächtigenden [1]) oder durch Erklärung gegenüber dem Dritten, dem gegenüber

1) Endemann, Einführung Bd. 1 § 81 S. 349, behauptet, daß in dem internen Vorgange der Erklärung an den Bevollmächtigten eine vollwirksame Vollmacht noch nicht liegen könne, der Vertreter vielmehr zuvörderst dem Dritten seine

die Vertretung stattfinden soll (BGB. § 167). Es genügt also in beiden Fällen die einseitige Erklärung des Vollmachtgebers. Diese Erklärung ist etwas sehr Eigenartiges. Sie gewährt dem Bevollmächtigten kein Recht und sie begründet für ihn keine Pflicht. Man darf sich hier nicht durch den Schein täuschen lassen. Wenn ich einen Anderen ermächtige, eine Zahlung von meinem Schuldner entgegenzunehmen, um etwa das Eingenommene für sich zu behalten, so besteht hier natürlich ein Recht dieses Anderen; aber es besteht nicht darin, daß die von ihm abgegebene Willenserklärung für und gegen mich wirkt, daß mein Schuldner also durch die Zahlung an ihn befreit wird, es besteht demnach nicht in der rechtlichen Stellung des anderen als mein Vertreter. Wenn ich andererseits Jemanden als Handlungsreisenden engagire, so verpflichte ich ihn damit, in meinem Namen aufzutreten und mich hierdurch zu berechtigen. Aber die Pflicht des Anderen besteht wiederum nicht darin, mein Vertreter zu sein, d. h. zu bewirken, daß die von ihm abgegebenen Willenserklärungen für und gegen mich gelten. Die für den Reisenden begründete Verpflichtung ist für diese Wirkung ganz bedeutungslos, ob die Verpflichtung besteht oder ob sie nicht besteht, die Wirkung bleibt immer dieselbe. Das Gesetz hat dies alles richtig erkannt; es spricht nicht von einem Vertretungsrecht, und nicht von einer Vertretungspflicht, es spricht von einer Vertretungsmacht. Die Erklärung des Vollmachtgebers gestattet dem Vertreter nicht ein Handelndürfen, sondern ein Handelnkönnen, sie gewährt ihm eine Erweiterung seiner rechtlichen Fähigkeiten, nicht seiner Rechte.

Der Vollmachtertheilung stellt es das Gesetz (§ 171) gleich, wenn der zu Vertretende durch besondere Mittheilung an einen Dritten oder durch öffentliche Bekanntmachung kund gegeben hat, daß er einen Anderen bevollmächtigt habe. Dieser Andere ist dann auf Grund der Kundgebung im ersteren Falle dem Dritten gegenüber, im letzteren Falle jedem Dritten gegenüber zur

---

Vertretungsmacht offenlegen müsse, indem er im Namen des Vertretenen handele. Zur Vollmacht gehöre auch hier, daß der Dritte volle Kenntniß erhalte. Dies dürfte dem Gesetz nicht entsprechen.

Vertretung befugt. Auch diese Kundgebung kann in beiden Fällen in beliebiger Form erfolgen. Es genügt auch, daß der Vertretene sich hierbei der Hülfe des Vertreters selber bedient.[1]) Denn natürlich kann der Vertretene die Mittheilung von der Bevollmächtigung nicht bloß persönlich oder brieflich, sondern auch mündlich durch einen Boten machen, und dieser Bote kann auch der Vertreter selber sein. Aber der Vertreter bedarf hierzu eines besonderen Auftrages; in der Vollmachtertheilung an und für sich liegt nicht schon zugleich die Ermächtigung, sie dem Dritten mitzutheilen. Ist thatsächlich Vollmacht ertheilt, so hat die Kundgebung für die Begründung der Vollmacht keine selbständige Bedeutung. Ist in Wirklichkeit nicht Vollmacht ertheilt, so besteht eine Vertretungsmacht kraft Gesetzes, denn die Kundgebung ist keine Willenserklärung, kein Rechtsgeschäft. In diesem Fall besteht die Vertretungsmacht auch dann, wenn der Dritte weiß, daß keine Vollmacht ertheilt ist. Die Kundgebung kann auch nicht deswegen angefochten werden, weil der Vertretene irrthümlicherweise das Bestehen einer Vollmacht angenommen hat; denn die Kundgebung begründet selbständig die Vertretungsmacht. Freilich kann auch die Kundgebung für sich auf Irrthum beruhen, und dann wird man doch wohl die Anfechtung auf Grund der §§ 119 ff. BGB. zulassen müssen. Strikt beweisen läßt sich dies freilich nicht, denn die Kundgebung ist wie gesagt keine Willenserklärung,[2]) aber die Anwendung der Analogie dürfte zulässig sein. Praktische Bedeutung hat die Frage übrigens erst, nachdem der Vertreter das Rechtsgeschäft, zu dem er nach der Kundgebung Vertretungsmacht hatte, abgeschlossen hat. Vorher kann der Vertretene bei der regelmäßigen freien Widerruflichkeit der Vertretungsmacht das Anfechtungsrecht entbehren. Ebenso wie mit der Anfechtung wegen Irrthums muß es sich mit der Geltendmachung anderer Willensmängel verhalten.

Der besonderen Mittheilung von der Bevollmächtigung steht es gleich, wenn der Vertretene dem Vertreter eine Vollmachtsurkunde ausgehändigt hat, und der Vertreter sie dem Dritten

1) Vgl. hierüber Hölder, Kommentar zu § 170 S. 368.

2) Anders Rehbein a. a. O. S. 264.

vorlegt. Auch hier braucht in Wirklichkeit eine Bevollmächtigung nicht zu bestehen.

Eine Vollmachtsertheilung liegt auch dann vor, wenn der Vertretene duldet, daß sich ein Anderer als sein Bevollmächtigter gerirt. Bekannt ist die Entscheidung des Reichsgerichts vom 5. November 1879 (Entsch. Bd. 1 S. 8).[1] Hier hatte der die Vertretung Ausübende die meisten Geschäftsbriefe des Beklagten einschließlich derjenigen, welche verpflichtende Erklärungen enthielten, mit dem Namen des Beklagten, und zwar regelmäßig unter Vorsetzung eines p., theils mit theils ohne Beifügung seines Namens, unterschrieben. Da dies unter den Augen des Beklagten geschehen war, so kam das Reichsgericht zu dem Ergebnisse: Ließ der Beklagte es zu, daß T. sich als Handlungsbevollmächtigter gerirte, so ist darin in Ermangelung besonderer Umstände eine stillschweigende Bestellung desselben zum Handlungsbevollmächtigten zu finden. Besondere Umstände, welche diese Annahme auszuschließen geeignet wären, hat aber der Beklagte nicht angeführt. — Der Anerkennung einer derartigen stillschweigenden Bevollmächtigung auch für das neue Recht steht der Wortlaut des § 167 nicht entgegen. Denn auch hier liegt eine Erklärung des Vollmachtgebers, wenn auch eben keine ausdrückliche vor. Abgegeben wird diese Erklärung gegenüber dem Dritten, dem gegenüber die Vertretung stattfinden soll. Eine bloße Kundgebung (§ 171) wird hier nicht anzunehmen sein, denn man kann doch wohl nicht gut von einer stillschweigenden Kundgebung reden. Der Begriff der stillschweigenden Erklärung dagegen, sowenig einwandsfrei er sein mag, ist hergebracht, und die Sache selbst ist praktisch unentbehrlich.

Freilich darf man mit dem Begriff der stillschweigenden Bevollmächtigung keinen Mißbrauch treiben. Dies geschieht, wenn man annimmt,[2] daß ein Kaufmann, der Telephonanschluß hat, durch diese Einrichtung alle seine Angestellten zur Abgabe der-

1) Vgl. ferner ROHG. Entsch. Bd. 9 S. 104, 11 S. 32, 13 S. 212, neuestens RG. Entsch. Bd. 43 S. 188.

2) Vgl. die in Goldschmidt's Zeitschr. Bd. 40 S. 150 mitgetheilten Entscheidungen des LG. Berlin I und des OLG. Braunschweig.

jenigen Erklärungen bevollmächtige, welche sie thatsächlich durch das Telephon abgeben. Die Begründungen der Gerichte, welche diese Ansicht vertreten haben, sind mehr als fadenscheinig. In einer Entscheidung des Landgerichts Berlin I heißt es: Es muß nach Analogie des Art. 50 angenommen werden, daß derjenige Angestellte in einem Geschäft, welcher eine telephonische Erklärung entgegennimmt und beantwortet, dazu kraft seiner Anstellung von dem Geschäftsherrn ermächtigt ist und diesen hierdurch verpflichtet. Diese Deduktion zeigt nur, welcher Unfug bisher mit Hülfe des Wortes Analogie verübt worden ist. Das Oberlandesgericht Braunschweig stellt „unbedenklich" den Satz auf, daß, wer in seinem Geschäftslokale ein Telephon hält und sich desselben zu geschäftlichen Mittheilungen bedient, damit jedenfalls stillschweigend die Erklärung abgiebt, daß während der Geschäftsstunden kein Unberufener sich desselben bedienen werde, so daß also jedes andere Geschäft, welches während der Geschäftsstunden mit jenem in eine telephonische Unterhaltung eintritt, davon ausgehen darf, daß Niemand ohne Ermächtigung des Inhabers sich des Telephons bediene. Ein derartiger Schutz des guten Glaubens Dritter ist aber sowohl dem alten als auch dem neuen Recht gänzlich unbekannt. Staub,[1]) der sich merkwürdiger Weise dieser Ansicht angeschlossen hat, nimmt eine dem Personal ertheilte Vollmacht zur Abgabe solcher Erklärungen an, deren Abgabe durch das Telephon nicht dem Geschäftsgebrauch widerspricht. An Gründen fehlt es auch ihm. „Würde man dies nicht annehmen, so müßte der andere Theil die Gefahr mangelnder Legitimation tragen, und das wäre unberechtigt; auch würde, wenn man sich auf telephonische Erklärungen nicht nach der Richtung verlassen dürfte, daß dieselben auch den Prinzipal binden, das Telephon derjenigen Bedeutung entkleidet werden, welche ihm im geschäftlichen Leben thatsächlich beigemessen wird." Es sind dies Billigkeitserwägungen, die nichts Zwingendes haben. Eine Bevollmächtigung erfordert den Willen

1) Kommentar zu § 54 HGB. Anm. 11. Dort auch die Dissentienten; zu ihnen tritt K. Lehmann, Kommentar zu § 54 HGB. Nr. 6.

des Prinzipals, durch den Bevollmächtigten vertreten zu werden. Gewiß aber hat der Prinzipal nicht den Willen, durch seinen Hausdiener, Austräger, Portier, die alle zu seinem Personal gehören, zwar nicht generell, wohl aber durch das Telephon vertreten zu werden. Wenn der Prinzipal ein Telephon in seinem Geschäftslokal anbringen läßt, so ernennt er damit keine neuen Bevollmächtigten, sondern er erleichtert nur den bisherigen ihre Vertretung. Auch die Staub'sche Ausführung setzt einen Schutz des guten Glaubens der Dritten voraus, von dem das Gesetz durchaus nichts weiß.

Die Ertheilung der Vollmacht ist auch für ihren Umfang maßgebend, dies selbstverständlich, soweit nicht das Gesetz den Umfang der Vollmacht vorschreibt. Daraus ergiebt sich: Wird die Vollmacht durch Erklärung gegenüber dem zu Bevollmächtigenden ertheilt, so ist diese Erklärung maßgebend. Liegt eine Vollmachtsertheilung durch Erklärung gegenüber dem Dritten vor, so kommt es auf diese Erklärung an. Fehlt es an einer Vollmachtsertheilung, ist aber die Vertretungsmacht durch besondere Mittheilung an einen Dritten oder durch öffentliche Bekanntmachung kund gegeben worden, so bestimmt sich der Inhalt der Vertretungsmacht nach dieser Kundgebung. Dies alles ist einfach und klar. Komplikationen treten aber dann ein, wenn die Vertretungsmacht auf mehrfache Art begründet wurde. Ich will nur folgende praktisch bedeutsamen Kombinationen hervorheben.

a) Die Vollmacht ist durch Erklärung gegenüber dem zu Bevollmächtigenden ertheilt; hiervon ist dem Dritten, dem gegenüber die Vertretung stattfinden soll, Mittheilung gemacht worden. Giebt hier die Mittheilung einen geringeren Umfang der Vollmacht an, als die Erklärung an den Vertreter, so ist die letztere maßgebend. Denn durch die Vollmacht ist dem Vertreter eine Vertretungsmacht bestimmten Umfanges zutheil geworden. Handelt er innerhalb dieser Vertretungsmacht, so wirken die von ihm im Namen des Vertretenen abgegebenen Willenserklärungen unmittelbar für und gegen den Vertretenen (§ 164 a. A.). Eine Ueberschreitung der Vollmacht liegt nicht vor. Gegen diese Auffassung könnte man versucht sein,

l. 17 § 4 D. de instit. a. 14, 3 anzuführen[1]): „Proculus ait, si denuntiavero tibi, ne servo a me praeposito crederes, exceptionem dandam: si ille illi non denuntiaverit, ne illi servo crederit.“ Indessen handelt es sich hier nicht um einen Bevollmächtigten, sondern um einen Institor, also um einen Vertreter, dessen Vertretungsmacht einen gesetzlich bestimmten aber durch den Prinzipal abänderlichen Umfang hat. Liegt freilich in der Mittheilung an den Dritten ein theilweiser Widerruf der Vollmacht, so ist die Mittheilung maßgebend. Uebrigens wird die ganze Frage nicht eben oft praktisch werden, denn der Dritte wird sich mit dem Bevollmächtigten nicht leicht anders als nach Maßgabe der Mittheilung einlassen.

Wichtiger ist das umgekehrte Verhältniß. Die Mittheilung giebt den Umfang der Vollmacht als weiter an, als dies in Wirklichkeit der Fall ist. Es ist beispielsweise Jemandem Vollmacht ertheilt worden, das Grundstück des X. für höchstens 10000 M. zu erstehen, dem X. aber zwar von der Bevollmächtigung, nicht aber von dem Preislimitum Mittheilung gemacht worden. Dann ist die Mittheilung maßgebend. § 171 Abs. 1 besagt, daß wenn Jemand durch besondere Mittheilung an einen Dritten kund gegeben hat, daß er einen Anderen bevollmächtigt habe, dieser auf Grund der Kundgebung dem Dritten gegenüber zur Vertretung befugt sei. Damit wird die Frage allerdings nicht unmittelbar entschieden, denn „auf Grund der Kundgebung“ ist immerhin nicht schlechthin gleichbedeutend mit „nach Maßgabe der Kundgebung“. Wohl aber liegt eine indirekte Entscheidung vor. Denn wenn die Kundgebung die Kraft hat, einem Nichtbevollmächtigten Vertretungsmacht zu verleihen, so muß sie erst recht die Kraft haben, eine vorhandene Vollmacht zu erweitern. Gerade diese Fälle der Erweiterung einer vorhandenen Vertretungsmacht werden das hauptsächliche Anwendungsgebiet des § 171 Abs. 1 bilden, Fälle, in denen ein überhaupt nicht Bevollmächtigter nach außen als Bevollmächtigter kund gegeben wird, verhältnißmäßig selten vorkommen. Freilich muß

1) Vgl. Seuffert's Arch. Bd. 40 Nr. 197.

man zusehen, ob die Kundgebung auch wirklich auf einen unbeschränkteren Umfang der Vollmacht geht. Der Fall kann nämlich auch so liegen, daß der Vollmachtgeber in seiner Mittheilung an den Dritten nur den Inhalt der Vollmacht wiedergeben will, hierbei aber Beschränkungen derselben als unerheblich oder aus Versehen verschweigt. In diesem Falle ist indessen keineswegs der Wille des Vertretenen ohne Weiteres maßgebend. Vielmehr ist dieser gerade bedeutungslos, denn die Kundgebung ist, wie gesagt, keine Willenserklärung. Es kommt vielmehr darauf an, ob die Mittheilung sich äußerlich, für den Dritten, als Mittheilung einer unbeschränkten Vollmacht darstellt. Ist dies nicht der Fall, so ist für den Umfang der Vertretungsmacht die Vollmacht, nicht die Mittheilung maßgebend. Ist es der Fall, so ist die Mittheilung maßgebend, doch wird man dem Vollmachtgeber dann immer noch eine Anfechtung gemäß § 119 BGB. gewähren dürfen, obgleich sich diese Vorschrift, wie gesagt, an sich nur auf Willenserklärungen bezieht.[1]) Bei der hier erforderlichen Auslegung sind naturgemäß die näheren Umstände der Mittheilung, ob sie mündlich oder schriftlich erfolgte, ob gelegentlich oder ex professo, sehr zu berücksichtigen.

Genau ebenso ist zu entscheiden, wenn die Vertretungsmacht nicht durch besondere Mittheilung an einen Dritten, sondern durch öffentliche Bekanntmachung kundgethan ist.[2])

b) Die Ertheilung der Vollmacht erfolgt durch Erklärung gegenüber dem zu Bevollmächtigenden, zugleich ist diesem eine Vollmachtsurkunde ausgehändigt worden, die er dann dem Dritten vorgelegt hat. Die Entscheidung kann nicht anders ausfallen als bei der soeben beschriebenen Kombination. Nur wird hier die Frage, ob die Vollmachtsurkunde wirklich einen weiteren Umfang der Vollmacht angiebt als die Vollmacht selber, oder ob sie nur unvollständig ist, nicht so leicht entstehen. Man wird regelmäßig das erstere annehmen müssen. Die Vollmacht muß in

1) Vgl. hierzu Zitelmann, Die Rechtsgeschäfte im Entwurf Theil 2 S. 100.

2) Ein derartiger Fall in Seuffert's Arch. Bd. 12 Nr. 60.

Urschrift vorgelegt werden, Vorlegung einer Kopie genügt nicht.[1]) Hat der Vollmachtgeber dem Bevollmächtigten eine Blankovollmacht ausgehändigt und ihm die Ausfüllung überlassen, so richtet sich die Vertretungsmacht des Bevollmächtigten auch dann nach der Urkunde, wenn er sich in ihr eine unbeschränktere Vertretungsmacht beigelegt hat, als sie dem Willen des Vollmachtgebers entspricht.[2]) Hat der Vertreter die Urkunde nicht ausgehändigt erhalten, sondern sie beispielsweise gestohlen, so ist die Urkunde für ihn keine Legitimation, der Dritte kann sich also an den Aussteller der Urkunde nicht halten. Ebenso ist zu entscheiden, wenn der Vertreter die ihm ausgehändigte Urkunde verfälscht hat. § 172 Abs. 1 setzt voraus, daß die ausgehändigte Vollmachtsurkunde dem Dritten vorgelegt wird, und hierbei kommt es natürlich nicht bloß darauf an, daß dasselbe Stück Papier vorgelegt wird, es muß auch denselben Inhalt haben, wie zur Zeit der Aushändigung.[3]) Weiß der Dritte, daß die Urkunde der Vollmacht nicht entspricht, so kann sich der Vertretene gegen ihn unter Umständen auf § 242 BGB. berufen:

> Der Schuldner ist verpflichtet, die Leistung so zu bewirken, wie Treu und Glauben mit Rücksicht auf die Verkehrssitte es erfordern.

Denn häufig wird es gegen Treu und Glauben sein, wenn der Dritte den Vertretenen bei der von ihm versehentlich ausgestellten Vollmachtsurkunde festhält. Läßt sich dies nicht sagen, so fragt es sich, ob der Vertretene dann nicht wenigstens ein Anfechtungsrecht wegen Irrthums hat. Auch hier ergeben sich wieder Schwierigkeiten, denn weder die bloße Aushändigung der Vollmachtsurkunde an den Vertreter, noch ihre Vorlegung an den Dritten dürften Rechtsgeschäfte, die §§ 119 ff. BGB. also

---

1) Ebenso Zitelmann, Rechtsgeschäfte S. 109, vgl. für das französische Recht Guillouard, traités des contrats aléatoires et du mandat. 2 éd. Par. 1894 Nr. 189.

2) Vgl. Preuß. ALR. I, 13 § 113, für das französische Recht Guillouard a. a. O. Nr. 191.

3) Ebenso das französische Recht, vgl. Guillouard a. a. O. Nr. 191.

nicht unmittelbar anwendbar sein. Auch hier dürfte indessen wiederum die analoge Anwendung zulässig und praktisch geboten sein; und zwar wird die Anfechtung sowohl gegenüber dem Vertreter als auch gegenüber dem Dritten erfolgen können. Das erstere darf angenommen werden nach Analogie des § 143 Abs. 3 BGB. (einseitiges Rechtsgeschäft, das einem Anderen gegenüber vorzunehmen war), das letztere mit Rücksicht darauf, daß die Vorlegung der Vollmachtsurkunde der besonderen Mittheilung der Bevollmächtigung durch den Vollmachtgeber gleichgestellt wird (§ 172 Abs. 1).[1]) Wird nicht Irrthum des Ausstellers der Vollmachtsurkunde, sondern ein anderer Willensmangel desselben behauptet, so gilt entsprechendes.

c) Dem Dritten ist vom Vertreter eine Vollmachtsurkunde, die dieser vom Vertretenen erhalten hat, vorgelegt worden; zugleich ist dem Dritten durch besondere Mittheilung des Vertretenen die Bevollmächtigung eröffnet worden; Urkunde und Mittheilung weichen von einander ab. Hier ist zu sagen: Soweit eine Vollmacht ertheilt ist (§ 167), ist der Vertreter jedenfalls innerhalb des ihm durch diese zugewiesenen Geschäftskreises zur Vertretung ermächtigt. Ist keine Vollmacht ertheilt oder überschreitet die Vollmachtsurkunde oder die Mittheilung die Grenzen der ertheilten Vollmacht, so wird die letzte Mittheilung an den Dritten entscheidend sein, erfolge sie nun durch Vorlegung der Vollmacht oder sonstwie. Denn in der späteren Mittheilung liegt eine Zurücknahme der ersten.

d) Hat der Vollmachtgeber geduldet, daß der Bevollmächtigte seine Vollmacht überschreitet, so ist diese Duldung maßgebend. Denn in ihr liegt die stillschweigende Ertheilung einer erweiterten Vollmacht.

Die Bestimmungen des BGB. über die Begründung der Vollmacht sind in keiner Beziehung Vorschriften zum Schutze des guten Glaubens Dritter. Wenn Jemand durch besondere Mittheilung an einen Dritten oder durch öffentliche Bekanntmachung kundgegeben hat, daß er einen Anderen bevollmächtigt habe, so ist

1) Vgl. zu diesen Fragen Zitelmann, Rechtsgeschäfte S. 100, 109.

dieser auf Grund der Kundgebung auch dann zur Vertretung ermächtigt, wenn der Dritte weiß oder wissen muß, daß der Vertreter nicht bevollmächtigt ist; § 173 bezieht sich nur auf den zweiten Absatz des § 171, die von Zitelmann[1]) seiner Zeit vorgeschlagene abweichende Regelung ist nicht Gesetz geworden. Wer ferner von einem Anderen eine Vollmachtsurkunde ausgehändigt erhält und diese dem Dritten vorlegt, ist für den Dritten auch dann Bevollmächtigter, wenn dieser weiß oder wissen muß, daß der Vertreter keine Vollmacht hat, § 173 bezieht sich nur auf § 172 Abs. 2. Was von dem Vorhandensein der Vollmacht gilt, gilt auch von ihrem Umfang; die Kundgebung resp. die Vollmachtsurkunde schützt auch denjenigen Dritten, der weiß oder wissen muß, daß der wirkliche Umfang der Vollmacht ein beschränkterer ist. Auf die Möglichkeit der Anfechtung der Ertheilung der Vertretungsmacht wegen Irrthums des Vertretenen ist hingewiesen worden.

Fehlt es aber an einer Kundgebung der Vertretungsmacht oder an der Aushändigung oder Vorlegung einer Vollmachtsurkunde, so ist für den Umfang der Vollmacht lediglich der Akt ihrer Ertheilung maßgebend, d. h. die Erklärung gegenüber dem Vertreter oder gegenüber dem Dritten, dem gegenüber die Vertretung stattfinden soll. Der Dritte darf sich nicht darauf verlassen, daß die Vollmacht einen bestimmten, etwa den regelmäßigen Umfang hat.[2]) Von irgend einem Schutz des guten Glaubens des Dritten ist auch hier keine Rede. Ist die Vollmacht durch Erklärung an den Vertreter ertheilt, so führt dies zu Resultaten, die praktisch bedenklich sind, und leicht einen Rückschritt gegen das alte Recht bedeuten können.

Der code civil besagt in Art. 1989: le mandataire ne

---

1) Rechtsgeschäfte S. 100.

2) So Cosack, Lehrbuch Bd. 1 § 67 S. 221. Hier heißt es: „Bei einer unüblichen Beschränkung der Vollmacht ist nicht bloß gleichfalls eine besondere Anordnung des Vollmachtsgebers nothwendig, sondern es ist außerdem nöthig, daß die Beschränkung dem Dritten, mit welchem der Vertreter in Verhandlung tritt, erkennbar war." Eine derartige Bestimmung wäre vielleicht wünschenswerth, aber das BGB. sagt davon kein Wort.

peut rien faire au delà de ce qui est porté dans son mandat. Aber die französische Jurisprudenz scheint darüber einig zu sein, daß dieser Satz sich auf das Verhältniß des Vertreters zu Dritten nicht bezieht, daß der Vertretene dem Dritten auch dann haftet, wenn der Vertreter seine Vollmacht überschritten hat, wenn er sich nur dem Anscheine nach (en apparence) innerhalb dieser Grenzen hielt.[1]) Dabei wird allerdings in erster Linie an das Vorhandensein einer schriftlichen Vollmacht gedacht,[2]) in welchem Falle sich auch nach dem Recht des BGB. befriedigende Resultate ergeben. Indessen doch keineswegs ausschließlich. Vorausgesetzt wird aber immer, daß der Dritte gutgläubig war, er muß sorgfältig Umfang und Zweck der Vollmacht prüfen. Dazu gehört auch, daß er sich die etwaige Vollmachtsurkunde vorlegen läßt; indessen wird ihm, wenn er es nicht thut, die Unterlassung dann nicht zum Vorwurf gemacht, wenn ihn der Vollmachtgeber selber veranlaßt hat, hiervon abzusehen und den Angaben des Bevollmächtigten über den Umfang der Vollmacht einfach zu glauben. Dies wird namentlich dann angenommen, wenn es sich um die Vollmacht eines Kommis oder Geschäftsvorstehers handelt; hier dürfen die Dritten eine Vertretungsmacht voraussetzen, die den Gewohnheiten des entsprechenden Hauses entspricht.[3]) Die französische Praxis unterscheidet ebenfalls zwischen dem äußeren Scheine der Vollmacht, dem Eindruck, den die Vollmacht nach außen hervorruft, und einschränkenden Weisungen, die der Vertretene dem Vertreter gegeben hat, die dem Dritten aber unbekannt geblieben sind. Nur das erstere ist für die Haftung des Vertretenen gegenüber

---

1) So schon Pothier, traité du contrat de mandat Nr. 89, ebenso Troplong, du mandat Nr. 604, Pont, petits contrats tome 1 Nr. 1064, Guillouard a. a. O. Nr. 186 ff.

2) So in dem immer wiederholten Beispiele Pothier's: Mein Bevollmächtigter soll für mich 300 Frs. entleihen, er thut es; hierauf nimmt er bei einem zweiten Darleiher unter Vorlegung der Vollmachtsurkunde noch einmal 300 Frs. in meinem Namen auf. Ich hafte auch dem zweiten Darleiher, vorausgesetzt, daß dieser die Erledigung der Vollmacht nicht kannte.

3) Guillouard a. a. O. Nr. 188.

dem Dritten maßgebend.[1]) So ist bei Entscheidung[2]) der Frage, in welchem Umfange der Vorsteher einer Filiale ermächtigt ist, den Prinzipal zu vertreten, auf den Aufdruck der Wechselformulare und des Briefpapiers Gewicht gelegt worden, welcher den Geschäftsinhaber und die Filiale sowie deren Leiter bezeichnete. Daraus wurde entnommen, daß der Filialvorsteher zu allen Geschäften ermächtigt sei, die das Bedürfniß der Filiale erfordern, und daß Einschränkungen dieser Vertretungsmacht, die der Prinzipal vorgenommen hatte, gegen den gutgläubigen Dritten nicht geltend gemacht werden könnten. Daß hier handelsrechtliche Verhältnisse in Frage stehen, fällt für das französische Recht nicht ins Gewicht. In der in Rede stehenden Entscheidung spielt übrigens ebenso wie in der Doktrin noch ein anderer Gedanke eine maßgebende Rolle, der nämlich, daß der Vertretene eine Unvorsichtigkeit begangen hat, indem er einer Person Vollmacht gab, die kein Vertrauen verdiente, und daß er für diese Unvorsichtigkeit büßen muß. Es wird also ein Verschulden des Vertretenen angenommen, was freilich in vielen Fällen auf eine bloße Fiktion hinauskommt.

Das gemeine Recht beruht auf der Lehre von der actio institoria, quasi institoria und exercitoria. Nach der herrschenden Meinung sind diese Klagen dem gemeinen Rechte fremd, aber treffend fügt Dernburg[3]) hinzu: „Dagegen sind die römischen Grundsätze über den Umfang der Vollmacht der Schiffer und Institoren auch im heutigen Recht für die Frage maßgebend, inwieweit der Angestellte seinen Prinzipal durch seine Gewerbsgeschäfte verbindet.“ Diese Grundsätze sind bekannt genug. Der Geschäftsherr haftet gutgläubigen Dritten aus allen Geschäften seiner Angestellten, zu denen diese üblicher Weise befugt sind, auch wenn das Geschäft besonderer Anweisung des Geschäftsherrn widerstreitet. Er haftet aus der praepositio, der Anstellung; es ist also maßgebend die Stellung, welche der Herr dem Faktor nach außen, gegenüber dem Publikum anweist. Soll die Vertretungsmacht eine beschränktere

1) Vgl. Sirey, recueil 1879 I S. 292.
2) Das. 1875 I S. 368.
3) Pandekten Bd. 2 § 13 a. E.

sein, so muß auch dieses nach außen kund gethan werden, und wie die l. 11 §§ 2 ff. D. de inst. a. 14,3 zeigen, nehmen es die Römer hiermit nicht leicht. Das römische Recht steht also auf dem Standpunkte, daß für die Vertretungsmacht des Bevollmächtigten durchaus seine Stellung nach außen maßgebend ist. Diese Grundsätze sind im gemeinen Recht durch die Bestimmungen des HGB. dem Anwendungsgebiete nach beschränkt worden. Auf nicht handelsrechtlichem Gebiete gelten sie aber auch nach gemeinem Recht.

Das Entscheidungsmaterial ist ein reiches, es genügt, einige Fälle anzuführen.[1]) Die Fruchthändler S. und R. hatten von dem Verwalter des Hofgutes L. 200 Scheffel Dinkel gekauft; die Eigenthümer des Hofgutes auf Erfüllung des Vertrages in Anspruch genommen, verweigerten dieselbe, indem sie bestritten, daß sie durch einen solchen Vertrag ihres Gutsverwalters verpflichtet worden seien. Es erfolgte Verurtheilung.[2]) Erwogen wurde, daß der Betrieb eines Landgutes in die Klasse der Gewerbe gehöre, und daß deshalb der Verwalter als ein institor anzusehen sei; weiter, daß dem Verwalter eines größeren Gutes, dessen Eigenthümer in einiger Entfernung von demselben wohne, die Befugniß zur Veräußerung von Früchten und namentlich von Getreide zustehen müsse. Thatsächlich war auch dem Verwalter in seiner Dienstinstruktion die Besorgung des Verkaufs der Gutserzeugnisse übertragen, aber freilich an erhebliche Beschränkungen, insbesondere an eine vorgängige Ermächtigung seitens der Eigenthümer geknüpft worden, die in dem vorliegenden Falle fehlte. Das Gericht sprach sich dahin aus, daß die Beschränkungen der Veräußerungsbefugniß Dritten gegenüber ohne Erheblichkeit seien, da sie nicht bekannt gemacht waren. Es sagt: „Es stimmen Theorie und Praxis in dem Satze überein, daß zwar der Geschäftsherr nur durch solche Verträge seines Geschäftsführers, welche ihrem Gegenstande nach zu dem dem letzteren übertragenen Geschäftskreise gehören, ver-

---

1) Vgl. außerdem etwa noch Seuffert's Arch. Bd. 12 Nr. 268, Bd. 14 Nr. 93.

2) Entsch. des Ob. Tribs. zu Stuttgart vom 26. November 1863 (Seuffert's Arch. Bd. 23 Nr. 227).

pflichtet werde, daß er aber unter dieser Voraussetzung unbedingt hafte, daß daher dem Geschäftsführer ertheilte Weisungen und Beschränkungen über die Art der Geschäftsführung innerhalb jenes Geschäftskreises im Falle der Nichtbeachtung durch den Geschäftsführer den Geschäftsherrn von seiner Haftung nur dann befreien, wenn sie dem Publikum gehörig bekannt gemacht wurden." — Sehr instruktiv ist dann der von dem obersten Landesgericht für Bayern am 6. Juli 1880 entschiedene Thatbestand.[1]) Hier hatte der Leiter einer chirurgischen Universitätspoliklinik Anschaffungen gemacht, wegen deren die Universität belangt wurde. Diese bestritt ihre Verpflichtung, weil der Besteller durch jene Anschaffungen seinen Etat überschritten hatte. Es erfolgte in allen Instanzen Verurtheilung. Die Klage wurde als actio quasi institoria charakterisirt und angenommen, daß das dem Besteller ertheilte Mandat nach außen hin keinen anderen als den sich aus dem Zweck des Instituts ergebenden Beschränkungen unterliege, und daß die Festsetzung einer gewissen jährlichen Summe für die erforderlichen Anschaffungen im Etat als eine besondere, lediglich dem Mandatar gegenüber von dem Mandanten gegebene Weisung aufzufassen sei. Nach der Ansicht des Gerichts ist ausschließlich entscheidend, daß die Anschaffungen dem Inhalt der von der Beklagten ertheilten Vollmacht, sowie dieselbe in die äußere Erscheinung getreten ist, bezw. der Natur des dem N. übertragenen Geschäfts durchaus entsprochen haben.

Zu weit weniger befriedigenden Resultaten führt dagegen die Anwendung des BGB. Unzweifelhaft sind der Gutsinspektor und der Chirurg Vertreter, und zwar beruht ihre Vertretungsmacht auf einem Rechtsgeschäft, es liegt also Vollmacht vor. Die Vollmacht ist hier ausschließlich durch Erklärung gegenüber dem Vertreter ertheilt. Eine öffentliche Bekanntmachung oder private Mittheilung der Bevollmächtigung ist nicht erfolgt. Allerdings wird muthmaßlich die Ernennung des Chirurgen zum Leiter der Poliklinik in irgend einem amtlichen Blatte veröffentlicht worden

1) Seuffert's Arch. Bd. 36 Nr. 31.

sein. Aber es wäre Künstelei, hierin die öffentliche Bekanntmachung zu finden, daß der Staat „einen anderen bevollmächtigt habe". Uebrigens war in dem dargestellten Falle die Universität, nicht der Staat Verklagter, und von der Universität kann nicht einmal die Bekanntmachung der Ernennung ausgegangen sein. Es bemißt sich also der Umfang der Vollmacht ausschließlich nach der Erklärung des Vertretenen gegenüber dem Bevollmächtigten. Durch diese Erklärung war nun zwar der Gutsverwalter zum Verkauf von Gutserzeugnissen ermächtigt worden, aber nur unter bestimmten Bedingungen. Er sollte, dringende Fälle ausgenommen, wegen der Verkäufe im Allgemeinen stets vorher die erforderlichen Weisungen einholen, auf Grund derselben die Verhandlungen führen, in der Regel die Genehmigung der Gutsherrschaft vorbehalten. Speziell wegen des Verkaufs der Früchte war bestimmt, daß er sie zu laufendem Preise nach zuvor eingeholter Genehmigung zu verkaufen habe, ausgenommen solche Fälle, in welchen er ohne Verzug aber zu besonders günstigen Preisen veräußern könne. Alle diese Bestimmungen bildeten den Inhalt der Vollmacht, nach ihnen allen, nicht bloß nach einzelnen derselben, bemaß sich der Umfang der Vertretungsmacht des Inspektors. Daher wäre nach dem Recht des BGB. die Gutsherrschaft nur durch solche Verkäufe verpflichtet worden, die entsprechend den genannten Vorschriften abgeschlossen wurden; nach dem Recht des BGB. wäre also die Klage abzuweisen gewesen, es würde allein der Verwalter haften (§ 179 BGB.). Ebenso wäre der zweite Fall zu entscheiden gewesen. Der Chirurg hatte Vollmacht nicht zu Anschaffungen schlechthin, sondern nur zu Anschaffungen innerhalb seines Etats. Etatsüberschreitungen waren Ueberschreitungen seiner Vollmacht, aus denen die Universität nicht haftete. Allenfalls würde nach BGB. die Universität wegen ungerechtfertigter Bereicherung in Anspruch zu nehmen sein. Ich stelle noch einen anderen Fall zur Erwägung: Ich beauftrage meine Köchin, auf dem Wochenmarkte 4 Pfund Fische zu kaufen. Sie kauft 5 Pfund. Nach gemeinem Recht bin ich trotzdem gebunden. Nach dem Recht des BGB. bin ich nicht gebunden; ob überhaupt nicht oder wenigstens in Bezug auf die 4 Pfund entscheidet sich nach § 139.[1]) Allerdings haftet nach dem neuen Recht, soweit eine Ueberschreitung der Vollmacht vorliegt, dem Dritten der Vertreter. Aber auch diese Haftung ist oft eine ungenügende. Leicht kann es sein, daß der Bevollmächtigte keine Ahnung davon hat, daß er seine Vollmacht überschreitet; dann haftet er dem anderen Theil nur in Höhe des sog. negativen Vertragsinteresses, vgl. § 179 Abs. 2, also sehr unvollkommen.

Man wird kaum in Abrede stellen können, daß das neue Recht zu weniger angemessenen und befriedigenden Ergebnissen führen wird als das alte. Es fragt sich sogar, ob mit der Regelung des BGB. im praktischen Leben überhaupt auszukommen ist, und ob die Praxis nicht hin und wieder genöthigt sein wird, sich über die Vorschriften des BGB. einfach hinwegzusetzen.

§ 3. Erlöschen der Vollmacht.

Bei der Ertheilung der Vollmacht spielt der gute Glaube der Dritten keine Rolle. Anderes gilt für das Erlöschen der Vollmacht. Hier wird ein Schutz des guten Glaubens Dritter anerkannt. Aber er wird nicht durch eine generelle Bestimmung gewährt, so wie sie art. 2005 des code civil enthält:

> la révocation notifiée au seul mandataire ne peut être opposée aux tiers qui ont traité dans l'ignorance de cette révocation,[2])

oder wie sie Dernburg in seinen Pandekten[3]) für das gemeine Recht vertritt:

---

1) Ist ein Theil eines Rechtsgeschäfts nichtig, so ist das ganze Rechtsgeschäft nichtig, wenn nicht anzunehmen ist, daß es auch ohne den nichtigen Theil vorgenommen sein würde.

2) Vgl. hierzu schon Pothier a. a. O. Nr. 121, Troplong a. a. O. Nr. 817 ff., Guillouard a. a. O. Nr. 220.

3) Bd. 1 § 119 6. A. S. 277. Vgl. auch RG. Entsch. Bd. 35 S. 140: „Das Reichsgericht trägt kein Bedenken, . . . für das heutige gemeine Recht den Grundsatz festzustellen, daß das Erlöschen der Vollmacht, sei es durch Revokation, oder durch den Tod des Mandanten, bei Rechtsgeschäften, welche der Bevollmächtigte nach diesen Ereignissen eingeht, dem gutgläubigen Dritten nicht schadet," und hierzu Enneccerus, Das bürgerliche Recht S. 207.

Im Interesse der Sicherheit des Verkehrs sind Dritte, welche sich auf die Vollmacht verließen und deren Aufhebung entschuldbarer Weise nicht kannten, gegen hieraus erwachsende Nachtheile zu schützen. [1])

Die Regelung des BGB. ist vielmehr weit kasuistischer und wahrscheinlich unpraktischer.

1. Die Vollmacht ist nur durch Erklärung gegenüber dem zu Bevollmächtigenden ertheilt, eine Kundgebung der Bevollmächtigung Dritten gegenüber ist nicht erfolgt, auch eine Vollmachtsurkunde nicht vorgelegt worden. In diesem Falle kann die Vollmacht nach dem Gesetz auf zweifache Art erlöschen. Einmal mit dem ihrer Ertheilung zu Grunde liegenden Rechtsverhältnisse, beispielsweise, wenn der Dienstbote, der Handlungsgehülfe, der Beamte, die Kraft ihres Dienstverhältnisses Bevollmächtigte sind, entlassen werden. Von einem Schutz des guten Glaubens Dritter ist hier keine Rede. Läßt sich Jemand mit dem von mir entlassenen Dienstboten ein, der in meinem Namen mit ihm ein Geschäft abschließt, so kann er sich nicht an mich halten, auch wenn er die Entlassung weder kannte noch kennen mußte. Die Vollmacht erlischt hier weiter durch Widerruf, der auch beim Fortbestehen des der Vollmacht zu Grunde liegenden Rechtsverhältnisses jederzeit zulässig ist, sofern sich nicht aus diesem ein Anderes ergiebt. Da auf die Widerrufserklärung die Vorschrift des § 167 Abs. 1 entsprechende Anwendung finden soll, so muß es jedenfalls genügen, daß wenn die Vollmacht durch Erklärung gegenüber dem Bevollmächtigten ertheilt ist, der Widerruf in derselben Weise erfolgt. [2]) Auch hier werden gutgläubige Dritte nicht geschützt. Wird beispielsweise einem Gutsverwalter, dem bisher auch der Verkauf der Feldfrüchte oblag, diese Befugniß vom Gutseigenthümer entzogen, und schließt er trotzdem noch Verkäufe ab, so wird der Gutsherr durch sie nicht verpflichtet. Mit Recht hat aber Enneccerus [3]) darauf

1) Nicht so weit gehend Preuß. ALR. I, 13 §§ 167, 168.

2) Natürlich genügt es aber auch, wenn der Widerruf durch Erklärung gegenüber dem Dritten erfolgt; ebenso Planck, Kommentar zu § 168 Note 4.

3) Das bürgerliche Recht S. 204.

aufmerksam gemacht, daß die Fassung des Gesetzes nicht erschöpfend ist. Die Vollmacht erlischt nicht bloß mit dem zu Grunde liegenden Rechtsverhältnisse und durch Widerruf, sondern vor Allem auch gemäß ihrem eigenen Inhalt. Es steht beispielsweise nichts im Wege, einen Bediensteten auf ein Jahr anzustellen, seine Vollmacht aber auf vier Wochen zu beschränken. Dann erlischt die Vollmacht eben mit dem Ablauf der vier Wochen. Auch hier ist von einem Schutz des guten Glaubens Dritter keine Rede. Liegt der Ertheilung der Vollmacht kein anderes Rechtsverhältniß zu Grunde, [1]) so erlischt die Vollmacht entweder gemäß ihrem Inhalt oder durch Widerruf.

Man vergegenwärtige sich dem gegenüber etwa die Bestimmungen des römischen Rechts über den Inkassomandatar. § 10 J. de mand. 3,26 besagt, daß, wenn der Rechnungsführer des Titius freigelassen ist, die Schuldner des Titius aber, die hiervon keine Kenntniß haben, noch an den Freigelassenen zahlen, sie von ihrer Schuld befreit werden. Dabei hebt der Kaiser hervor, daß dies der stricta juris ratio allerdings nicht entspreche. l. 51 D. de solut. et lib. 46,3 handelt von einem Rechnungsführer, der ohne Wissen der Schuldner von der Geschäftsführung entfernt worden ist. Auch hier wird entschieden, ihm werde richtig gezahlt, denn es werde gezahlt ex voluntate domini, „quam si nescit mutatam qui solvit liberatur". Schließlich vergleiche man die l. 34 § 3 eod.: Ich habe den Titius zu meinem Generalbevollmächtigten ernannt, später aber die Vollmacht ohne Wissen meiner Schuldner widerrufen. Wenn diese nun zahlen, so werden sie befreit; „denn wenn Jemand einen Anderen zum Generalbevollmächtigten bestellt, so wird angenommen, daß er damit auch seine Schuldner anweist, dem Generalbevollmächtigten zu zahlen". Man muß einräumen, daß die Begründungen nicht überzeugend sind, aber die Entscheidungen selber treffen praktisch gewiß das Richtige. Nach dem neuen Recht ist nicht zu so angemessenen Resultaten zu gelangen. Uebertragen wir den in der ersten Stelle enthaltenen

---

1) Enneccerus a. a. O., Hölder, Kommentar zu § 168 Anm. 2.

Thatbestand ins Moderne, so haben wir den Fall des § 168 Satz 1. Das der Ertheilung der Vollmacht zu Grunde liegende Rechtsverhältniß, die Sklaverei, ist erloschen, damit ist nach dem Recht des BGB. auch die Vollmacht erloschen. Die Schuldner des Herrn, die jetzt noch zahlen, würden also nach dem Recht des BGB. nicht befreit werden. In den beiden anderen Stellen handelt es sich um den Widerruf der Vollmacht durch Erklärung gegenüber dem Bevollmächtigten; auch hier würden nach dem Recht des BGB. die Schuldner nicht befreit werden, ihr guter Glaube ihnen nichts nützen. Dabei setze ich voraus, daß in den Fällen des corpus juris die Vollmacht durch Erklärung gegenüber dem Vertreter ertheilt war, was wohl vorausgesetzt werden darf. Nach dem Recht des BGB. wird also der Schuldner gut thun, an den angeblichen Bevollmächtigten seines Gläubigers nur nach Vorlegung einer Vollmachtsurkunde (§ 172) oder gegen Quittung des Gläubigers zu zahlen (§ 370).[1] Daß der Vertreter den von dem Schuldner seiner Zeit ausgestellten Schuldschein im Besitze hat, genügt nicht.[2]

2. Die Vollmacht ist durch Erklärung gegenüber dem Dritten ertheilt, dem gegenüber die Vertretung stattfinden soll.[3] Hier erlischt die Vollmacht durch Widerruf gegenüber dem Dritten, da-

1) Rehbein, Kommentar Bd. 1 S. 273, behauptet entsprechend dem preußischen Rechte (ALR. I, 13 §§ 167, 168): „Die Sache kann sich aber so gestalten, daß der Machtgeber, sobald er durch Verhandeln des Bevollmächtigten mit dem Dritten zu demselben in ein Rechtsverhältniß getreten ist, durch Treu und Glauben verpflichtet ist, den Dritten nicht in Unkenntniß von dem Erlöschen der Vollmacht zu lassen, und sich durch das Unterlassen schadensersatzpflichtig macht oder sogar sich so behandeln lassen muß, als ob die Vollmacht nicht widerrufen. Das wird namentlich für den Handelsverkehr zu beachten sein." Dies dürfte schwer zu beweisen sein. § 242 BGB. findet keine Anwendung, denn der Vertreter ist eben nicht Schuldner geworden. Eine unerlaubte Handlung aber wird nur ganz ausnahmsweise vorliegen.

2) Anders für das bisherige Recht RG. Entsch. Bd. 9 S. 314.

3) Cosack, Lehrbuch Bd. 1 § 67 S. 222, will in gleicher Art behandeln „die Vollmacht, welche dem Ueberbringer einer Quittung zusteht". Abgesehen davon, daß es sich in diesem Falle schwerlich um eine Vollmacht handelt (vgl. oben S. 5), so ist hier der Schuldner durch den Schluß des § 370 genügend gesichert.

gegen mit dem zu Grunde liegenden Rechtsverhältnisse, durch Widerruf gegenüber dem Bevollmächtigten oder gemäß ihrem eigenen Inhalt nur dann, wenn der Vollmachtgeber zugleich dem Dritten das Erlöschen der Vollmacht angezeigt hat oder der Dritte das Erlöschen auch so kennt oder kennen muß, d. h. nur in Folge von Fahrlässigkeit nicht kennt (§ 122 a. E.). Die Beweislast trifft den Vollmachtgeber; er muß die Anzeige, das Kennen oder Kennenmüssen des Dritten beweisen. Der letztere Beweis wird ihm beispielsweise dann regelmäßig gelingen, wenn er das Erlöschen der Vollmacht öffentlich bekannt gemacht hat.

Der Dritte ist hier im Wesentlichen gesichert. Nur kann es vorkommen, daß er von dem an ihn gerichteten Widerruf nichts erfährt, denn dieser wird bereits mit dem „Zugange" (§ 130) wirksam.

3. Die Vertretungsmacht besteht kraft besonderer Mittheilung an einen Dritten (§ 171 Abs. 1). Es gilt durchaus das zu 2 Gesagte.[1]

4. Der Vollmachtgeber hat dem Vertreter eine Vollmachtsurkunde ausgehändigt und der Vertreter hat sie dem Dritten vorgelegt.[2] Auch diese Vollmacht erlischt mit dem ihrer Ertheilung zu Grunde liegenden Rechtsverhältnisse, durch Widerruf gegenüber dem Bevollmächtigten oder gemäß ihrem eigenen Inhalt nur dann, wenn der Dritte das Erlöschen der Vertretungsmacht kennt oder kennen muß, z. B. in Folge einer öffentlichen Bekanntmachung oder einer speziellen Mittheilung an ihn. Im Uebrigen bleibt die Vertretungsmacht bestehen, bis die Vollmachtsurkunde dem Vollmachtsgeber zurückgegeben oder für kraftlos erklärt wird, § 172

1) A. A. wohl Zitelmann, Allg. Theil S. 122. Indessen stellt § 173 die Fälle der §§ 170, 171 Abs. 2 anscheinend völlig auf eine Stufe. Zitelmann's Argument ist, daß die gemäß §§ 171, 172 begründete Vertretungsmacht nie accessorisch, das heißt von dem Grundverhältniß abhängig ist. Das sollte man erwarten. Aber Zitelmann führt selber einen Fall an, in welchem das Grundverhältniß einwirkt (§ 176 Abs. 3). Es braucht nicht der einzige zu sein.

2) Fälle aus der bisherigen Praxis in Seuffert's Arch. Bd. 28 Nr. 29, Bd. 29 Nr. 28.

Abs. 2. Daraus ist nicht zu entnehmen, daß jede Rückgabe der Urkunde die Vollmacht zum Erlöschen bringt. Dies ist vielmehr nur dann der Fall, wenn die Rückgabe zu dem Zwecke erfolgt, daß die Vollmacht erlösche. Soll nach dem Willen des Vollmachtgebers die Vertretungsmacht trotz Rückgabe der Vollmachtsurkunde bestehen bleiben, so ist nicht einzusehen, warum dieser Wille nicht wirksam sein soll. 1) Der Rückgabe steht die Vernichtung der Vollmachtsurkunde gleich. Auch sie bringt aber die Vollmacht nur dann zum Erlöschen, wenn sie zum Zweck der Aufhebung der Vollmacht erfolgt; zufällige Zerstörung der Urkunde ist ohne Bedeutung.

Ein vollkommener Schutz des gutgläubigen Dritten besteht hier nicht. Denn die Rückgabe der Vollmachtsurkunde kann ihm ganz unbekannt bleiben. Der Dritte muß sich also vor jedem Geschäftsabschluß von neuem die Vollmacht vorlegen lassen.

5. Der Vertretene hat durch öffentliche Bekanntmachung kundgegeben, daß er Jemanden bevollmächtigt habe. Die Vertretungsmacht erlischt jedenfalls, wenn sie durch eine gleiche öffentliche Bekanntmachung zurückgenommen wird. Schließt dann ein Dritter im Vertrauen auf die erste Kundgebung mit dem Vertreter ein Geschäft ab, so haftet der Vertretene nicht, und zwar auch dann nicht, wenn der Dritte die zweite Kundgebung weder kannte noch kennen mußte. Mit dem ihrer Ertheilung zu Grunde liegenden Rechtsverhältnisse oder durch Widerruf gegenüber dem Bevollmächtigten erlischt die Vollmacht wiederum nur dann, wenn der Dritte das Erlöschen der Vertretungsmacht bei der Vornahme des Rechtsgeschäfts kennt oder kennen muß, beispielsweise in Folge einer speziellen Mittheilung des Vollmachtgebers an ihn.

Im Wesentlichen ist der Dritte auch in diesem Falle gesichert.

6. Für die handelsrechtlichen Vollmachten gilt nichts Besonderes, die unter 1—5 aufgestellten Grundsätze bestehen auch für sie.

Eine Ausnahme macht die Prokura. Ihr Erlöschen ist von

---

1) Vgl. auch Hölder, Kommentar zu § 172 S. 371.

dem Inhaber des Handelsgeschäfts zur Eintragung in das Handelsregister anzumelden (HGB. § 53 Abs. 3). Solange diese Eintragung und ihre Veröffentlichung nicht erfolgt ist, kann das Erlöschen der Prokura einem Dritten nur dann entgegengesetzt werden, wenn es ihm bekannt ist, was der Inhaber des Handelsgeschäfts beweisen muß. Ist dagegen das Erlöschen der Prokura eingetragen und veröffentlicht worden, so muß es jeder Dritte gegen sich gelten lassen, es sei denn, daß er es weder kannte noch kennen mußte; dies muß er beweisen (HGB. § 15 Abs. 1, 2). Gleiches gilt von der Vorstandschaft einer Aktiengesellschaft (HGB. § 234).[1])

7. Ebenso wie der Widerruf der Vollmacht ist ihre Einschränkung zu behandeln, da sie sich als ein theilweiser Widerruf darstellt. Hier gelten aber für diejenigen Vollmachten des HGB., deren Umfang ein für alle Male durch das Gesetz bestimmt ist, Besonderheiten.

1) Ebenso von der Vorstandschaft eines eingetragenen Vereins (BGB. § 68).

Lippert & Co. (G. Pätz'sche Buchdr.), Naumburg a/S.

Kolibri 360 GmbH
Ferdinand-Jühlke-Straße 7
99095 Erfurt, Deutschland
produktsicherheit@kolibri360.de